¡REDUCIR!

211 estrategias para reducir el coste inmobiliario

Wayne Fox

Copyright © 2015 por Wayne Fox. Reservados todos los derechos. Ninguna parte de este libro puede reproducirse de ninguna forma sin el permiso por escrito del autor.
Los revisores pueden citar breves pasajes en las reseñas.

Descargo de responsabilidad y descargo de responsabilidad de la FTC

Ninguna parte de esta publicación puede reproducirse ni transmitirse de ninguna forma ni por ningún medio, mecánico o electrónico, incluidas fotocopias o grabaciones, ni mediante ningún sistema de almacenamiento y recuperación de información, ni transmitirse por correo electrónico sin el permiso por escrito del editor.

Si bien se han hecho todos los intentos para verificar la información proporcionada en esta publicación, el autor no asume ninguna responsabilidad por errores, omisiones o interpretaciones contrarias del tema aquí tratado.

Este libro es sólo para fines de entretenimiento. Las opiniones expresadas son responsabilidad exclusiva del autor y no deben tomarse como instrucciones u órdenes de expertos. El lector es responsable de sus propias acciones.

El cumplimiento de todas las leyes y regulaciones aplicables, incluidas las licencias profesionales internacionales federales, estatales y locales, las prácticas comerciales, la publicidad y todos los demás aspectos de hacer negocios en los EE. UU.,

Canadá, el Reino Unido o cualquier otra jurisdicción es responsabilidad exclusiva del comprador o lector.

El autor no asume ninguna responsabilidad u obligación alguna en nombre del comprador o lector de este material.

Cualquier desaire percibido hacia cualquier individuo u organización es puramente involuntario. A veces utilizo enlaces de afiliados con el contenido del libro. Esto significa que al realizar una compra recibiré una comisión de venta. Esto, sin embargo, no significa que mi opinión esté a la venta. Todos los enlaces de afiliados que figuran en el libro son los servicios y productos que he utilizado y que he encontrado útiles. El lector o comprador debe hacer su propia investigación antes de realizar una compra en línea.

Contenido

1. Introducción
2. PARTE 1: Bienes raíces
3. PARTE 2: Mantenimiento de su propiedad
4. PARTE 3: Energía
5. Conclusión
6. Sobre el Autor

Introducción

Los bienes raíces pueden representar una parte importante de los costos que enfrenta una empresa. Muchos propietarios de pequeñas empresas están demasiado ocupados para empezar a aprender cómo podrían reducir sus costos, por lo que hemos compilado una guía simple y fácil de leer que enumera algunas estrategias básicas para reducir los costos inmobiliarios y hacer que una pequeña empresa sea más rentable.

Este libro electrónico se centra principalmente en locales de pequeñas empresas, pero los mismos principios se pueden copiar para todo tipo de bienes raíces, desde la casa familiar hasta grandes plantas de fabricación del tamaño de una ciudad pequeña.

Para facilitar la lectura, este libro se divide en 3 partes:

- Parte 1: Bienes raíces: la estructura central del edificio y todo lo asociado con ella
- Parte 2: Mantenimiento de las instalaciones: el proceso de mantener los sistemas funcionando de manera eficiente
- Parte 3 - Energía: el proceso de reducción del costo de la energía para el negocio

Este libro electrónico está escrito principalmente desde el punto de vista de una estrategia a largo plazo, mientras que algunas estrategias tienen un beneficio inmediato, otras estrategias tienen un beneficio a más largo plazo y se necesita cierta inversión inicial. Es recomendable calcular el retorno de la inversión de cualquier estrategia tratada en el libro, para verificar su idoneidad en sus propias circunstancias.

PARTE 1: Bienes Raíces

Dado que todos somos personas ocupadas, entremos y comencemos con nuestra sección de Bienes Raíces. Esto cubrirá todo lo relacionado con la estructura central del edificio.

1. **Obtenga la mejor oferta desde el principio.**

Cuando busque bienes raíces, negocie un trato que sea adecuado para su negocio. La mayoría de los arrendamientos se establecen para beneficiar al propietario. Veremos más formas de hacer esto más adelante.

2. **Optimizar los horarios de apertura según niveles comerciales.**

   Si su negocio abre a las 9 am, pero solo recibe un par de clientes durante las primeras dos horas, ¿le está costando más pagar el personal y los costos de funcionamiento que las ganancias que obtiene de esas ventas? Si se necesita presencia de ventas, ¿se podría reducir el requisito de recursos de alguna manera para dar cabida a la reducción del tráfico?

3. **Utilice patrones de turnos dobles o triples para el edificio.**

   La mayoría de los edificios sólo se utilizan de ocho a diez horas al día. ¿Qué otros usos podrías encontrar para tu espacio fuera de esos horarios de apertura principales? Un ejemplo podría ser un edificio de oficinas. Al cambiar la ocupación del edificio a un sistema de doble turno, la fuerza laboral de 8 am a 6 pm regresa a casa a las 6 pm, y una nueva fuerza laboral trabaja entre las 7 pm y las 7 am.

Este personal diurno podría ser el personal de atención al cliente, y el personal del turno de noche podría ser el personal que realiza tareas como la nómina y las cuentas, que no necesitan estar de cara al cliente. Esto no sólo reduce el número de asientos para la empresa, sino que también aumenta la rentabilidad. Para una empresa que trabaja ocho horas al día, esto podría optimizarse aún más si tuviera tres patrones de turnos. ¿Qué podría hacer su negocio con su espacio fuera de horario?

4. **Considere la ubicación de su negocio.**

Si su negocio no necesita estar en el principal centro de la ciudad, puede ser significativamente más barato, en costo de compra de capital, alquiler e impuestos gubernamentales, conseguir un edificio que esté a unas calles de distancia, o más radicalmente, en las afueras de ciudad.

5. **Posiciona tu negocio donde están tus clientes.**

   En cuanto a las visitas al negocio, ubicar sus instalaciones en el lugar central donde se encuentran sus clientes puede no reducir los costos iniciales de propiedad, pero sí reducirá los costos de desperdicio para el personal que no es completamente efectivo porque no tiene suficientes clientes para mantenerlos ocupados.

6. **Obtenga el tipo correcto de propiedad.**

¿Realmente necesita un espacio comercial o podría trabajar desde un edificio de oficinas? Los espacios comerciales suelen ser los más caros para alquilar o comprar y, a menudo, conllevan el coste más alto tanto en concepto de alquiler como de impuestos gubernamentales.

El almacenamiento por pie cuadrado es aproximadamente el tipo de propiedad menos costosa. Comprender y optimizar cómo opera su negocio podría reducir significativamente los costos.
Comprender el futuro de su industria y establecer su negocio de esa manera también le permitirá ahorrar dinero a largo plazo.

Por ejemplo, si tiene una empresa minorista, ¿puede predecir el futuro de cómo comprará la gente?

Algunos expertos dirían que en el futuro se realizarán más compras online. Si este es el caso, trasladar una gran parte de sus operaciones al espacio de almacenamiento y reducir el espacio comercial sería una medida inteligente en términos de reducir costos y posicionar el negocio para las tendencias futuras de la industria.

7. **Reducir el tiempo de desplazamiento del personal.**
Si su empresa requiere que el personal visite a los clientes fuera de sus instalaciones, considere el costo del tiempo de viaje desde sus instalaciones hasta el cliente. Si sus instalaciones están ubicadas en las afueras de la ciudad, pero sus clientes están en el centro de la ciudad, les pagará,

tal vez media hora de viaje en cada sentido cada vez que hagan ese viaje. Eso es una hora de productividad desperdiciada por cada visita a un cliente.

8. **Reducir los gastos de viaje del personal.**
Al igual que con el tiempo de viaje del personal, si paga los gastos de viaje para visitar a los clientes, podría resultar muy costoso para su empresa pagar el combustible, los vehículos, los billetes de tren, etc.

9. **Mapea dónde están tus clientes.**
Al tomar un mapa geográfico grande del área y trazar dónde se encuentran sus clientes, puede crear un mapa de calor de dónde se encuentra su audiencia más grande y ubicar sus instalaciones cerca de

allí. Si descubre que sus clientes están repartidos entre tres ubicaciones principales, puede que le resulte más económico tener tres locales más pequeños separados en lugar de un edificio central.

Considere los costos totales en esta evaluación, ya que a veces los locales pequeños conllevan impuestos gubernamentales reducidos o nulos, mientras que tener tres ubicaciones separadas puede costar más administrarlos.

10. Considere el uso de escritorios compartidos.
El hot-desking existe aproximadamente desde 2009. En lugar de darle a un miembro del personal un espacio de escritorio permanente, le brinda acceso temporal a un espacio de escritorio con todas las instalaciones que necesita mientras está en el lugar. Esto funciona bien para puestos

como los de vendedores que pasan mucho tiempo fuera de la oficina.

También hay muchos proveedores diferentes de espacios de oficina que ofrecen espacios de escritorio compartido, por lo que, en lugar de alquilar un espacio de oficina completo, simplemente puede pagar por horas. Esto puede ser bueno, especialmente si usted o su personal trabajan a una buena distancia de su oficina y no desea pagarles para que viajen a sus instalaciones.

El concepto se puede copiar en la mayoría de las industrias donde no se requiere espacio permanente.

11. Adoptar una política de trabajo remoto.

Muchas de las grandes empresas están utilizando el trabajo remoto. En lugar de pagar por el espacio para alojar al personal, trabajan de forma remota, ya sea desde casa o desde sus vehículos, y algunos incorporan un elemento de escritorio compartido en los edificios de otras personas. La adopción del trabajo remoto puede reducir significativamente la necesidad de espacio.

12. Utilice el espacio compartido.

Un ejemplo más común de esto es el alquiler de espacio dentro de un centro de negocios. Sin embargo, el mismo modelo se puede copiar en la mayoría de las industrias.

Por ejemplo, si es minorista, puede compartir espacio con otros minoristas, tal vez incluso con marcas más importantes en la calle principal. Su objetivo es vender su producto/servicio al cliente, no es alquilar o poseer un edificio; esa es una industria completamente diferente.

13. **Calcule la relación de equilibrio entre el espacio compartido y el espacio dedicado.** Al comprender cuál es el punto de ruptura entre comprar un espacio compartido y comprar su propio espacio dedicado, sabrá cuándo es el momento más eficiente para buscar sus propias instalaciones.

Por ejemplo, al hacer una búsqueda rápida de ambos tipos de inmueble, encontramos un espacio de centro de negocios que se alquilaba por 300$/mn por asiento. Al buscar espacio para oficinas alquiladas, encontramos una propiedad de 1100 pies cuadrados con capacidad para entre 11 y 15 asientos. Esto era un alquiler de $1,900 por mes, incluidos todos los impuestos gubernamentales. Ambos edificios tenían servicios públicos adicionales por lo que no hemos considerado estos costos en este ejemplo. Al ejecutar estos números, podemos ver que el punto de ruptura está alrededor de 7 escaños.

Evidentemente también hay que sopesar el coste de acondicionamiento de un edificio; Los centros de negocios suelen venir ya equipados e incluyen escritorios, informática y tomas de corriente. Todos estos costos de equipamiento deben tenerse en cuenta en su ecuación, aunque pueden extenderse a lo largo de un largo período de tiempo.

14. Negociar un período de alquiler a más largo plazo.

Aceptar un período de arrendamiento a más largo plazo puede ayudar a reducir el costo de alquiler mensual, ya que los propietarios a menudo prefieren tener la garantía de un inquilino a largo plazo, ya que les reduce el costo de comercializar locales desocupados.

15. Busque incentivos al negociar un contrato de alquiler.

Esto se aplica tanto al espacio alquilado como al compartido. El propietario suele estar dispuesto a ofrecer incentivos, como periodos de alquiler gratuitos o servicios de valor añadido, como salas de reuniones gratuitas, si alquila un edificio con espacio compartido. En ocasiones, cuando se construyen grandes cantidades de locales, el propietario los construye sin tener un inquilino en mente, por lo que hablar con los propietarios sobre nuevos desarrollos, especialmente durante la fase de construcción, puede generar condiciones favorables.

También pueden hacer presentaciones a clientes potenciales. Después de todo, a ellos les interesa que su negocio tenga éxito. Vale la pena hacer la pregunta.

16. Contar con las mejores medidas de seguridad.

Aunque puede parecer un costo para la empresa, no tenerlo podría generarle un costo significativo en el futuro, lo que incluso podría significar un fracaso total del negocio.

17. No ocupes más espacio del que necesitas.

Esto reducirá el alquiler, las tarifas, el mantenimiento, la calefacción y la refrigeración. Conozco a muchos propietarios de negocios que ocupan mucho más espacio del que necesitan y terminan usando el espacio sobrante para almacenamiento. Si necesita espacio de almacenamiento, existen opciones mucho más económicas disponibles.

18. **Subalquilar cualquier espacio sobrante.**

    Sujeto a obtener el acuerdo del propietario, ¿por qué no asociarse con otros propietarios de negocios y subarrendarles el espacio? Si se trata de un negocio complementario, incluso podría agregar algo de valor a ambos negocios al trabajar juntos de esa manera.

19. **Mira otros usos para tu espacio.**

    Evaluar cómo opera su empresa y cuáles son los hábitos de compra de sus clientes podría liberar espacio para utilizarlo de manera más efectiva.

    Por ejemplo, una cafetería podría descubrir que el 75% de sus ventas son comida para llevar, reduciendo así el espacio necesario para sentarse; podría utilizar ese espacio para cualquier cosa, desde subarrendar espacio de oficina para reuniones de negocios hasta iniciar un negocio de repostería gratuito. No importa para qué uses el espacio extra (sujeto a licencia), pero ten esta estrategia en mente para tus propias instalaciones.

20. **No pague más alquiler del necesario.**
Un asesor profesional le informará sobre los alquileres actuales del mercado y sobre los precios excesivos de una propiedad. También ayudarán a negociar cualquier incentivo.

21. **No pagues a qué se comercializa el local.**
El hecho de que el local se comercialice a $10,000 al mes no significa que el agente o el propietario espere recibir $10,000 al mes. Como ocurre con todo en la vida y los negocios, la negociación es clave y comenzar con ofertas bajas solo puede beneficiarlo. Lo peor que puede pasar es que rechacen la oferta y tengas que hacer una más alta.

22. No utilice un abogado para hacer ofertas informales en el local.

En lugar de pedirle a un abogado que redacte varios documentos legales con ofertas informales para compras de capital o arrendamientos, simplemente use el teléfono y el correo electrónico hasta que se acuerde una cifra y los términos básicos. Luego, pídale al agente del propietario que envíe los documentos para su firma. De esta manera, solo pagará por revisar los documentos en lugar de escribirlos desde cero.

23. Comprar el local en lugar de alquilarlo.

Comparar el coste de la hipoteca con el coste del arrendamiento puede ayudar en algunos casos, reduciendo los gastos mensuales del negocio en arrendamiento de locales. Al hacerlo, obviamente, asegúrese de que el negocio no se quede pequeño para las instalaciones demasiado rápido y que la propiedad sea una buena inversión en términos de potencial de reventa en el futuro.

Pídale a su contador que revise los números, incluidos los incentivos fiscales para las opciones de propiedad y alquiler.

24. Liberar capital en una propiedad propia mediante un proceso de venta y arrendamiento posterior.
Muchos bancos e instituciones financieras ofrecen una manera para que los propietarios de bienes raíces comerciales liberen el valor de sus activos vendiéndolos al banco y luego arrendandolos nuevamente en términos fijos.

Al igual que con la estrategia 23, hable de esto con su contador para evaluar las implicaciones para el negocio, ya que una gran ganancia de capital lograda sobre el inmueble podría generar una factura de impuestos muy elevada, lo que significa que la opción es menos viable.

25. **Si compra bienes raíces, considere comprar en subasta.**

Comprar en una subasta puede ser una buena oportunidad para conseguir una ganga en un local comercial. Muchas carteras comerciales grandes son propiedad de fideicomisos inmobiliarios, compañías de seguros y fondos mutuos, por lo que venden grandes porciones de su cartera de una sola vez. Esto significa que presenta una buena oportunidad para cualquiera que busque un local comercial.

Antes de ofertar en una subasta por cualquier propiedad, es recomendable buscar ayuda de asesores experimentados y también asegurarse de tener el capital preparado para completar la compra a los pocos días de caer el martillo.

En muchas jurisdicciones se le exigirá que pague un depósito bastante grande el día de la subasta, y si no paga dentro del plazo acordado, incurrirá en multas muy elevadas.

26. Convierta un edificio a sus necesidades.
Al convertir un edificio existente, cambiar su uso (sujeto a consentimiento) podría brindarle una increíble oportunidad de ahorrar dinero tanto en costos de arrendamiento como en costos de compra. Por ejemplo, convertir parte de un espacio de almacenamiento en espacio para oficinas ahorraría un alquiler sustancial en comparación con la alternativa de trasladar

el espacio de oficina equivalente a otra parte.

Obviamente, deberá considerar las restricciones de zonificación, ya que las autoridades de planificación o licencias probablemente no aceptarían que usted convierta un almacén completo en un local de oficinas, aunque probablemente aceptarían convertir una parte del local.

27. Comprenda la agenda del propietario.

¿Quieren ingresos ahora o seguridad en el futuro? Estructurar el contrato de arrendamiento en torno a esa agenda.

28. Considere la posibilidad de asociarse conjuntamente con el propietario.

Si los bienes raíces son un factor importante en el éxito y el crecimiento de su negocio (los supermercados son un excelente ejemplo), considere solicitar al propietario que acepte una parte de las ganancias o el capital del negocio a cambio de una gran reducción en el alquiler.

El propietario necesitaría tener una naturaleza emprendedora para aceptar esto, pero hay algunos propietarios importantes que estructuran este tipo de acuerdo.

29. Verifique para asegurarse de que el valor imponible de su empresa sea correcto.
En algunas jurisdicciones, los impuestos sobre locales comerciales se calculan sobre la base del valor del inmueble. Este valor puede ser discutido. Utilizar un experto para desafiar esto puede ayudarle a lograr un resultado.

30. Solicite una exención para pequeñas empresas tanto para las tarifas de agua como para las comerciales.

Las organizaciones con estatus de organización benéfica normalmente pueden obtener una exención total o parcial, y algunas pequeñas empresas también calificarán para exenciones. Las regiones varían y pueden depender de las industrias locales.

31. Realice una auditoría de responsabilidad sobre las tarifas del agua y cuestione cualquier impuesto sobre el agua.

Una auditoría identificará si la responsabilidad por la tarifa del agua es alta. Algunas autoridades cobran un cargo por uso o un cargo fijo. Calcular la mejor opción en función de sus niveles de uso le ayudará a reducir el coste.

32. Comprenda su cargo por servicio y lo que está incluido.

Su cargo por servicio puede incluir cualquier cantidad de cosas, desde brindarle servicios de recepción hasta limpieza y cafetera, pasando por limpieza o, si tiene suerte, acceso gratuito a las instalaciones del gimnasio. Al desglosarlo, le brinda una idea más clara de lo que podría estar pagando dos veces, o incluso de lo que probablemente pueda prescindir.

33. Negociar una reducción del cargo por servicio.

Negociar una reducción del cargo por servicio cuando los servicios no sean necesarios o cuando el cargo por servicio no ofrezca el mejor valor para cada servicio que se brinda.

Por ejemplo, pueden ofrecer servicios de respuesta de llamadas que cuestan el doble que utilizar una empresa de gestión de llamadas subcontratada. Si sólo atiende una o dos llamadas por semana, ¿por qué no desviarlas a su teléfono móvil?

34. Convertir un edificio sólo después de evaluar los costos del ciclo de vida.

Si se convierte un edificio existente para cambiar su uso, evalúe el ciclo de vida y los costos de conversión en comparación con los de un edificio que ya está diseñado para ese propósito.

Es importante comprender cuántos años serán necesarios para recuperar ese costo de conversión. Teniendo en cuenta también el valor de reventa de mercado del edificio recién reformado.

35. Evite problemas para reducir los honorarios profesionales.

Optar por no generar un motivo de discusión con el propietario o las empresas vecinas eliminará la necesidad de instruir a asesores profesionales, como abogados. El mantenimiento adecuado de un edificio también evitará la interferencia del propietario o su agente.

36. Reduzca la obligación tributaria sobre la propiedad eligiendo la estructura correcta. Una opción podría ser establecer una entidad legal con el único propósito de ser propietario de la propiedad y luego arrendarla a la empresa, manteniendo así el negocio principal separado de las obligaciones tributarias incurridas por la propiedad de la propiedad.

37. Considere refinanciar si posee una propiedad.

Un buen corredor financiero puede aconsejarle cuándo es un buen momento para refinanciar. Una medida de este tipo también podría liberar capital acumulado adicional debido a cualquier aumento de valor. Es importante ser consciente de las implicaciones fiscales al hacer esto.

38. Consolidar operaciones remotas.

Si opera desde más de un sitio, considere consolidar algunas de las operaciones para ganar eficiencia.

Por lo tanto, posiblemente podría aumentar el tamaño de una propiedad y al mismo tiempo reducir significativamente el tamaño de otras propiedades. El costo por pie cuadrado de espacio suele ser más económico para un edificio más grande que para uno más pequeño.

39. Subcontratar "funciones no básicas" para reducir la demanda de espacio.

Si su negocio es un restaurante, la función principal del negocio es proporcionar comida a los clientes. Si tiene que contratar personal para hacer algo más que preparar y servir la comida, estas se consideran funciones no esenciales y pueden distraer a la empresa de brindar su servicio.

Dichas funciones no básicas podrían incluir contratación de personal, nómina, cuentas, marketing, reservas de mesa, administración de propiedades, limpieza, atención de llamadas, etc.

En edificios más grandes, es posible que se necesite una presencia de tiempo completo para algunas de estas funciones, como un limpiador, pero la subcontratación de esta función elimina la necesidad de gestionar esa función o individuo.

Dicha gestión o supervisión distraerá a la empresa y a su personal de atender a sus clientes y, dependiendo de la función, podría necesitar un nivel de capacitación o experiencia por parte de los gerentes comerciales para poder gestionar esa función adecuadamente.

40. **Comparta la demanda de productos, servicios y espacio con otras personas a su alrededor..**

La unión con empresas similares puede ayudar a reducir el costo de determinados productos o servicios. Por ejemplo, considere los últimos desarrollos inmobiliarios de gran altura que se están construyendo en los últimos años.

En lugar de que un edificio sea construido por una sola empresa, por ejemplo, un hotel, ahora es mucho más común construir un edificio más grande y dividirlo en espacio de hotel, espacio de oficinas, espacio de gimnasio, espacio residencial, espacio de restaurante e incluso espacio comercial. espacio.

No necesitamos mirar los edificios de 110 pisos para ver ejemplos de esto; Podemos verlo en la mayoría de los nuevos desarrollos en cualquier ciudad. Puede que solo tenga 6 u 8 pisos de altura, pero aún abarcará espacio de hotel, espacio comercial en la planta baja y oficinas en el espacio restante.

Al hacer esto, estos ocupantes del edificio obtienen los beneficios de estar en dicha ubicación junto con las otras empresas, pero pueden compartir el costo del edificio, como el mantenimiento de los terrenos, la seguridad, la infraestructura de TI, los servicios de recepción, la limpieza, la administración de las instalaciones, hasta la compra al por mayor de rollos de papel higiénico para el edificio, simplemente añadiendo un piso adicional o ampliando ligeramente el área del piso.

41. **Comparta sistemas críticos con empresas similares.**

Implementar sistemas e infraestructura críticos puede resultar extremadamente costoso para cualquier empresa que opere individualmente. Al trabajar con otras empresas, cada una puede beneficiarse de la columna vertebral de los sistemas, y cada una tiene un costo mucho menor para la adaptación personal de los sistemas.

Un buen ejemplo de esto lo podemos ver con el "almacenamiento en la nube". Hace apenas unos años, una empresa tendría que invertir en sus propios servidores de TI y en su propio software personalizado. Dirigir un negocio era costoso.

Cuando los servicios en la nube estuvieron en línea, la columna vertebral central se proporcionó de forma remota, mientras que cada empresa simplemente configuraba el servicio de acuerdo con sus propias necesidades operativas. Aún se puede ganar eficiencia agrupando aún más esta demanda.

42. Cotejar suministros inmobiliarios con otros compradores.

Cotejar la demanda de suministros inmobiliarios significa que, en lugar de comprar 20 rollos de papel higiénico al mes, el poder adquisitivo combinado podría ser de 20.000 rollos de papel higiénico al mes. Esto significa que puede obtener suficiente poder adquisitivo para negociar directamente con el fabricante en lugar de comprar al por menor o incluso al por mayor.

Así es como funciona efectivamente el mercado mayorista. Sus clientes son un grupo de negocios similares y como tales pueden negociar mayores descuentos según los hábitos de compra de sus clientes.

43. **Clasificar los requisitos de espacio**. Reunirse con otros abre una vía para compartir espacio con ellos. Por ejemplo imaginemos que hay cinco empresas locales, tres necesitan espacio a corto plazo, mientras que las otras dos tienen espacio disponible debido a que están impulsando un nuevo plan de trabajo remoto para su personal. También hay un centro comunitario local que tiene espacio para oficinas disponible pero casi nunca se utiliza.

Al unirse, todo este espacio se puede utilizar como si fuera una gran empresa, y cada uno solo paga o recibe pago por el espacio utilizado mientras cada uno logra la máxima utilización del espacio.

44. Contrate a un buen abogado de bienes raíces.

Un buen abogado especializado en propiedad comprobará la "razonabilidad" del contrato de arrendamiento y podrá luchar por un contrato de arrendamiento más justo, favorable al inquilino y más amigable.

45. Reducir las primas de seguros aumentando el exceso.

Aumentar el exceso de cualquier póliza puede reducir las primas de seguro, especialmente en negocios más nuevos o de mayor riesgo.

46. No sobrevalore el seguro.

Obtenga una valoración actualizada para evitar sobrevalorar e infravalorar críticamente.

47. Asegurar sólo para reconstruir.

Al comprar un seguro de edificios, sólo necesita asegurar el costo de reconstrucción, que debería ser mucho menor que el valor real de mercado.

48. Pague la prima de su seguro por adelantado.

Consulte con su aseguradora si es posible ahorrar dinero pagando por adelantado y, si el flujo de caja lo permite, hágalo.
Al hacerlo, asegúrese de que, si necesita realizar modificaciones en la póliza más adelante, no tendrá que pagar costos adicionales.

49. Evite costes de seguros cada vez más elevados, trate de evitar reclamaciones si es posible.

Aumentar el exceso puede disuadir de presentar una reclamación por cantidades insignificantes, ya que el costo de las reparaciones probablemente será sustancialmente menor que el exceso.

50. Escanee todos los documentos a la nube.

En lugar de almacenar archivos en cajas llenos de facturas antiguas e informes de gastos, escanéelos todos en su almacenamiento en la nube, elimine todas las copias en papel y ahorre en costos de almacenamiento. Para ahorrar aún más en esto, en lugar de escanear los documentos y almacenarlos en la unidad principal de la nube de su empresa, ¿por qué no utilizar uno de los servicios gratuitos en la nube y luego compartir el acceso a la unidad con cualquier persona de la empresa que pueda necesitarlo?

PARTE 2:

Mantenimiento de su propiedad

51. **Reducir los costos de deterioro del inmueble.**

    Esto se puede lograr implementando un programa de mantenimiento preventivo para todos los servicios y estructuras del edificio.

52. **Mantenga su propiedad en buen estado.** Según un contrato de arrendamiento y según las normas de seguridad y salud, es su responsabilidad mantener adecuadamente sus instalaciones. Se puede realizar un plan de mantenimiento planificado y preventivo con costos mínimos para el negocio. También representa una imagen mucho mejor para los clientes y el personal.

Tanto los propietarios como las autoridades gubernamentales tienen derecho a emitir un calendario provisional de reparación, junto con posibles multas.

En caso de lesiones, las sanciones también pueden incluir penas privativas de libertad para el propietario de la empresa y el equipo directivo. Las compañías de seguros también insisten en mantener el edificio en buen estado y rechazarán un reclamo si no tienen evidencia documentada de que se está realizando el mantenimiento y no cuentan con un plan de mantenimiento vigente.

53. **Utilice software para controlar los problemas de mantenimiento de la propiedad.**

El uso de un paquete de software profesional para informar, rastrear y administrar cualquier problema de mantenimiento libera su memoria para concentrarse en administrar su negocio en lugar de monitorear cuándo llegará un contratista para solucionar cualquier problema. Hay varios paquetes gratuitos o de bajo costo disponibles ahora.

54. **Utilice un registro de activos con un registro histórico.**

Al utilizar un registro de activos con un registro histórico documentado, puede registrar el historial de los artículos e identificar cómo se ha mantenido el artículo, cuándo se inspeccionó por última vez y cuándo se reemplazó por última vez.

Un buen registro histórico también debería permitirle vincular ciertos documentos a los artículos, como facturas de contratistas o copias de certificados de garantía.

55. Cotejar la demanda de servicios inmobiliarios con otras empresas.

Para reducir los costos administrativos y de gestión, muchos proveedores de servicios a menudo sólo se centran en clientes más grandes. Esto se debe a que se necesitan los mismos recursos para gestionar y facturar a un cliente con una propiedad que a un cliente con 50 propiedades.

Si tienen que gestionar 50 clientes individualmente, son 50 puntos de contacto, 50 contratos, 50 licitaciones, 50 órdenes de compra, 50 facturas, etc. Al unirse con otros, el contratista se motiva a brindar servicios más baratos ya que reduce los costos de administración. .

56. Elija un agrimensor de propiedades con experiencia.

Antes de contratar un contrato de arrendamiento, solicite a un agrimensor de propiedades experimentado que realice una evaluación de responsabilidad por deterioro y prepare un cronograma preciso del estado, incluidas fotografías detalladas del estado del edificio cuando sea necesario.

57. Manténgase al tanto de cualquier problema de mantenimiento.

La forma más sencilla de hacerlo es tener un plan de mantenimiento fijo desde el primer día, lo que significa que prácticamente puedes olvidarte de él y centrar tu atención en el negocio. Esto también hace que sea mucho más fácil presupuestar los problemas de mantenimiento durante todo el año.

58. Encuentre un buen experto en deterioros.
Durante o al final de su contrato de arrendamiento, busque un buen experto en deterioro para ayudarlo a disputar y reducir cualquier reclamo por deterioro.

59. Mejore su sistema de protección contra incendios.
Reduzca el seguro de propiedad asegurándose de que cuente con un sistema de protección contra incendios adecuado que se mantenga periódicamente.

60. Reduzca las primas de seguro instalando una alarma contra intrusos NACOSS/NSI.

La mayoría de las aseguradoras insisten en que usted tenga esto como un requisito básico de la póliza y, a menudo, rechazarán cualquier reclamo si no existe o no existe un plan de mantenimiento activo.

61. Instale puertas, ventanas y cerraduras aprobadas por el seguro.

Asegúrese de que las puertas, ventanas y cerraduras estén aprobadas por el seguro y estén bien mantenidas con un plan de mantenimiento implementado.

62. Instale una caja fuerte aprobada por el seguro en las instalaciones.

Cuando se guardan artículos de mayor valor o dinero en efectivo en las instalaciones, esto puede ser un requisito obligatorio de la compañía de seguros, pero cuando no es obligatorio, debería ayudar a reducir las primas y, en cualquier caso, es una buena práctica para proteger el negocio contra robos, incendios y riesgo de inundación.

63. Utilice CCTV aprobado por el seguro.

Instale un sistema CCTV aprobado por el seguro que sea monitoreado y mantenido de forma remota por una empresa de vigilancia aprobada por NSI/SIA.

64. Haga que el personal revise los antecedentes penales.

Haga verificar a los poseedores de llaves de las instalaciones y al personal de CRB y avise a las aseguradoras sobre este proceso. Asegúrese de que este proceso esté claramente documentado con certificados almacenados de forma segura para su uso posterior si realiza un reclamo.

65. Inspeccione y pode los árboles o arbustos con regularidad.

Esto tiene múltiples beneficios. Reducirá los costes de mantenimiento en la recogida de ramas muertas. Además, si un árbol daña la propiedad, aumentará las primas de seguro en el futuro y también podría dañar gravemente las operaciones comerciales.

Finalmente, la mayoría de las aseguradoras solicitan que se haga esto para reducir las áreas de camuflaje para posibles delincuentes.

Muchas compañías de seguros han comenzado a rechazar la cobertura cuando hay un árbol situado a una distancia determinada del local.

66. **Inspeccione regularmente todas las tuberías de agua/tanques de agua para verificar el aislamiento.**

Asegurarse de que las tuberías y los tanques estén adecuadamente aislados evitará el riesgo de sufrir roturas de tuberías o tanques de agua en caso de condiciones de congelación. Es recomendable comprobar el aislamiento al inicio y al final de la temporada invernal.

67. **Utilice inhibidores químicos en su sistema de calefacción.**

    Su uso detendrá la acumulación de depósitos de corrosión y podría mejorar la eficiencia del sistema de calefacción hasta en un 15%. Puede aumentar la eficiencia de la caldera entre un 4% y un 5%.

68. **Compre equipos y provisiones de mantenimiento en función de los costos del ciclo de vida.**

    Muchas empresas comprarán un producto o servicio basándose en los costos iniciales, pero esta opción puede significar costos más altos en el futuro.

    Muchos de nosotros hemos comprado un equipo eléctrico y se ha estropeado 2 meses fuera de su garantía. Lo mismo ocurre en el mundo empresarial.

Algunas cosas a considerar son los costos reales del ciclo de vida, la duración de la garantía, los costos incurridos durante ese tiempo, lo que sucede fuera de ese período, el costo de las reparaciones, los costos de mantenimiento para cada opción y los costos de funcionamiento. Puede haber dos opciones idénticas según el precio, pero si una cuesta el doble en costos de mantenimiento y costos generales de funcionamiento, conlleva un costo de ciclo de vida sustancialmente mayor.

69. Adquirir un plan de mantenimiento preventivo para cada tipo de servicio.
Pagar un poco por adelantado para mantener adecuadamente el equipo ahora garantizará que el equipo dure más y

reducirá la necesidad de mantenimiento reactivo o reemplazo de capital.

Se ha demostrado que los equipos duran 10 veces más, y el mantenimiento reactivo se elimina casi por completo cuando se implementa un plan de mantenimiento preventivo. Aunque hay que pagar un costo inicial, los costos generales durante un período de 10 años pueden ahorrar hasta un 70 % en comparación con no tener un plan de mantenimiento preventivo.

Además del ahorro de costos directos, también se ha demostrado que reduce el tiempo de inactividad en una empresa, puede mejorar la reputación de la marca para el personal y los clientes, reduce el tiempo de gestión para resolver los problemas y también puede mejorar el flujo de caja sin necesidad de realizar reposiciones de capital de equipos en momentos inesperados.

Por ejemplo, si una empresa tuviera una falla en la caldera, tendría que cerrarla hasta que se encontrara una caldera de reemplazo. Este reemplazo podría significar que la empresa tenga que encontrar entre $ 10 000 y $ 500 000 para una nueva caldera de reemplazo. Si a esto le sumamos la pérdida de ingresos mientras la empresa no está en funcionamiento, el coste podría fácilmente duplicarse. Algunas empresas no podrían reiniciar después de sufrir un golpe tan grande en su flujo de caja.

Un reclamo de seguro tampoco tendría valor, ya que todas las compañías de seguros insisten en que el equipo se mantenga adecuadamente con un programa de mantenimiento documentado y continuo durante toda la vida útil del equipo.

PARTE 3: Energía

70. Realiza una auditoría energética de tu inmueble.

Al realizar una auditoría energética del inmueble, identificarás cualquier debilidad en la eficiencia energética del local y priorizarás áreas para ahorrar energía.

71. Aislar tanques y tuberías.

Aislar un tanque de agua y tuberías puede reducir significativamente los costos de energía. Por ejemplo, una chaqueta sin mangas de tamaño doméstico normal cuesta alrededor de 15 dólares, pero ahorrará 45 dólares al año en la factura de energía.

Asimismo, una inversión de alrededor de 10 dólares en aislamiento de tuberías puede generar ahorros de alrededor de 15 dólares al año.

72. Reemplazar calderas viejas por calderas nuevas de bajo consumo.

La mayoría de las calderas de más de diez años pueden funcionar con una eficiencia de entre el 45% y el 85%. Esto significa que por cada 1000 unidades de energía que genera la caldera, solo produce 450 unidades, o el 45%, y el resto se pierde debido a ineficiencias y al medio ambiente. La mayoría de las calderas nuevas funcionan con una eficiencia del 95% o más, y las calderas de mayor escala funcionan con una eficiencia mucho más cercana al 100%.

73. Aísle áreas tipo loft y huecos en el techo.

Alrededor del 25 % del aire calentado/enfriado se pierde a través de áreas de loft sin aislamiento y huecos de techo.

Aunque muchas instalaciones ya cuentan con aislamiento, la mayoría debería mejorarlo, ya que se recomienda que haya un aislamiento mínimo de 300 mm. A menos que se haya construido en los últimos años, el edificio probablemente tendrá menos de 100 mm.

74. Instale aislamiento de paredes.

Además de las áreas de loft y techo, el aire calentado/enfriado también se pierde a través de las paredes. Esto puede representar hasta el 66% de la pérdida total de calor. Las opciones pueden variar desde tener aislamiento de pared hueca hasta paneles aislados internos y externos.

75. Actualizar unidades acristaladas.

Actualice cualquier acristalamiento del edificio a triple acristalamiento con clasificación A en las ventanas orientadas al norte y a doble acristalamiento con clasificación A en las ventanas orientadas al sur.

76. Verifique si hay espacios o sellos rotos en las unidades acristaladas.

Revise las ventanas, puertas y paneles acristalados en busca de espacios o sellos rotos. Revisar las unidades acristaladas para detectar corrientes de aire o espacios entre el vidrio y el marco de más de 1 mm puede ayudar a detectar áreas de pérdida de calor, y tomar medidas en estas áreas puede reducir la pérdida de energía.

77. Mantenga las ventanas cerradas cuando utilice equipos de calefacción o refrigeración.

Aunque parezca una obviedad, muchas personas abren una ventana cuando sienten que hace demasiado calor mientras el sistema de calefacción sigue funcionando. Este puede ser el caso, sobre todo, en edificios más grandes en los que trabajan más de dos o tres personas.

78. Mantenga las puertas cerradas cuando utilice equipos de calefacción o refrigeración.

Al mantener las puertas cerradas, el aire acondicionado puede acumularse dentro de un espacio particular mucho más rápido. Si las puertas están abiertas, el aire caliente se disipará en los pasillos y habitaciones adyacentes, lo que tardará mucho más en calentar el espacio deseado.

79. Instale tiras de tiro alrededor de las puertas.

Con el tiempo, las partes internas de un edificio pueden expandirse y contraerse, según los niveles de calor y humedad, tanto antes como después de la instalación. Esto es especialmente evidente en los primeros dos o tres años. Esto puede significar que se pueden formar espacios alrededor de las puertas, dejando un pequeño espacio para que pase el aire entre las áreas, provocando una corriente de aire. Algunas puertas más caras tienen tiras de tiro integradas en la puerta original. Cuando este no sea el caso, agregar una tira de tiro puede ser una forma económica de mejorar la eficiencia energética de un espacio.

80. Instale sensores en puertas y ventanas.

Instale sensores para apagar automáticamente los equipos de calefacción o refrigeración en caso de que se abran puertas o ventanas. Tener estos sensores vinculados a una alarma también puede ayudar a cambiar el comportamiento del personal para mejorar la eficiencia energética del edificio.

81. Instalar cortinas de aire.

Instale cortinas de aire encima de las puertas exteriores para impedir en la medida de lo posible que el aire frío/caliente salga del área.

82. Construya un vestíbulo separado.

Construya un área de vestíbulo donde las personas/vehículos ingresen al edificio, especialmente donde se lleva a cabo la actividad, para evitar que se escape el aire caliente/enfriado.

83. Aislar el suelo.

Alrededor del 15% del calor/refrigeración se pierde a través del suelo. Aislar un suelo puede ser un proceso muy perjudicial para su negocio y, por lo tanto, sólo debe considerarse como parte de una renovación gradual o completa del edificio.

84. **Instale un sistema de calefacción por suelo radiante.**

Este es el tipo de sistema de calefacción más eficiente, ya que se coloca al nivel de los pies y llega hasta el nivel de la cabeza. También se distribuye uniformemente por toda la zona, a diferencia de los sistemas de calefacción convencionales. Se puede controlar por área, pero no está tan enfocado como conectar un solo calentador de ventilador eléctrico al lado de un ocupante.

Hay dos tipos de sistemas de calefacción por suelo radiante: por un lado, un sistema de tuberías y, por otro, un sistema de alfombras eléctricas.

El sistema de alfombra eléctrica es mucho más fácil de controlar y tiene un encendido/apagado de calor casi instantáneo, pero tiene un coste de funcionamiento bastante elevado. El sistema de tuberías es mucho más económico en costos de funcionamiento, ya que utiliza una red de tuberías que recorren el área del piso y un generador de calor central que puede ser calderas de biomasa, gas o petróleo, bombeando líquido calentado alrededor de la red de tuberías hasta que el área esté llena. la temperatura requerida.

El sistema de tuberías tarda mucho más en calentarse o enfriarse, pero este problema se puede solucionar incorporando un dispositivo de vigilancia meteorológica, junto con un tiempo automatizado basado en los niveles de ocupación del edificio.

El uso de un sistema bajo piso también significa que las áreas de las paredes no serán ocupadas por radiadores o conductos. Este tipo de medida sólo es realmente adecuada para locales con una reforma gradual o completa, ya que requiere que grandes zonas del suelo estén abiertas, pero se puede vincular al aislamiento de la zona del suelo al mismo tiempo.

85. **Apague las PC y otros equipos eléctricos en modo de suspensión.**

   Al apagar completamente el equipo, una oficina pequeña de 2 a 3 personas puede ahorrar alrededor de $100 al año.

86. **Baje el termostato de calefacción un grado Celsius.**

   Bajar el termostato de calefacción tan solo un grado Celsius ahorrará un 8% del consumo de energía de calefacción.

87. **Sube el termostato de refrigeración 1 centígrado.**

Subir el termostato un grado Celsius ahorrará un 8% del consumo de energía de refrigeración.

88. **Automatizar todos los sistemas.**

Automatizar el control de los sistemas de calefacción y refrigeración para que se enciendan justo antes de que llegue el personal (si es necesario) permite que el equipo siga funcionando cuando el personal no está en el edificio.

89. **Eliminar todo control humano.**

Eliminar la capacidad de los ocupantes del edificio de ajustar la temperatura puede ayudarle a mantener una temperatura uniforme y cómoda para todos los ocupantes del edificio.

Por ejemplo, un ocupante puede sentir que hace demasiado calor y enciende el aire acondicionado, mientras que los otros ocupantes encuentran que hace demasiado frío y encienden la calefacción.

Además de tener dos sistemas funcionando uno contra el otro, también significa que ambos sistemas tienen que trabajar más duro para calentar/enfriar el aire pretratado solo para que vuelva a ser lo que ya era. Al eliminar todo control, se elimina la capacidad del personal para hacerlo.

90. **Proporcionar al personal sudaderas y chaquetas de ropa de trabajo de marca.**

Esto mejorará la presencia de su marca en el exterior, pero también significa que los ocupantes del edificio estarán menos dispuestos a encender la calefacción, ya que llevarán sudaderas y no sentirán tanto el frío.

Al proporcionar sudaderas al personal, podría bajar la calefacción 2 o 3 grados centígrados y ellos no lo notarían, lo que le ahorraría casi un 25 % en su factura de energía de calefacción. Hacer lo mismo con el espacio con aire acondicionado también logrará el mismo resultado final.

91. **Desarrollar una cultura de ahorro energético y un programa de embajadores.** Proporcionar recompensas al mejor individuo o grupo por su desempeño. Un plan de este tipo podría utilizarse para promocionar las credenciales medioambientales de su empresa en el

mundo exterior y fortalecer su marca ante los clientes actuales y potenciales.

92. Instale persianas en las ventanas para evitar el sobrecalentamiento.

La instalación de persianas, especialmente en ventanas orientadas al sur, reduce la cantidad de calor que ingresa al edificio, lo que a su vez reduce la cantidad de refrigeración necesaria.

Esta es una forma adicional de controlar la calefacción/refrigeración de un edificio.

93. Utilice protección solar en el edificio.

El uso de protección solar en un edificio refleja el resplandor del sol lejos de las ventanas y también puede mejorar la apariencia de algunos edificios.

94. Baje la temperatura del agua.

Si su empresa utiliza equipos de lavandería, baje la temperatura del agua a 30 grados Celsius en lugar de 40 grados Celsius.

95. Compra electrodomésticos energéticamente eficientes.

La mayoría de los electrodomésticos vienen con una clasificación de eficiencia energética entre A y G. Elegir el más eficiente desde el punto de vista energético puede costar un poco más por adelantado, pero puede ahorrar hasta $130 por año en costos de funcionamiento.

96. Sustituir los baños por duchas.

Si su empresa tiene el requisito de proporcionar instalaciones de baño, como un hotel, retire todos los baños y en su lugar instale duchas con cabezales eficientes en el uso de agua. Esto podría ahorrarle hasta $200 por año en facturas de energía y agua por baño.

97. Reemplace la iluminación antigua con iluminación LED nueva.

Reemplace la iluminación halógena, de descarga y fluorescente por iluminación LED inteligente. Esto puede ahorrar hasta un 87% de los costos de funcionamiento, tiene una esperanza de vida hasta 25 veces mayor y tiene un costo de mantenimiento prácticamente nulo.

98. Instale sensores de nivel de luz diurna para controlar los niveles de luz.

Esto significa que si el sol empieza a brillar al mediodía, el sistema de iluminación se atenuará automáticamente, ahorrando así energía.

99. Instale sensores de ocupación en lugar de interruptores de luz.

Esto se puede dividir solo para operar en un área muy pequeña y específica, como un escritorio, dentro de un área de oficina mucho más amplia. Se puede utilizar para cualquier tipo de edificio y no sólo para espacios de oficinas.

100. Utilice colores brillantes para decorar superficies.

Siempre que sea posible, decore paredes, pisos y techos de colores brillantes con materiales reflectantes.

101. Reducir las alturas de los techos.

Si la altura del techo es superior a 2,4 m, intente reducirla instalando un nuevo techo suspendido. Reducir un techo de 3,5 metros de altura a 2,4 metros puede reducir la demanda de calefacción, refrigeración e iluminación de esa área en más de un 30%.

102. Utilice cinta reflectante en la parte trasera de los radiadores.

El uso de cinta reflectante en la parte posterior de los radiadores reduce la pérdida de calor en la pared.

103. Zonas del edificio para un mejor control.

Divisor Dividir el espacio en zonas localizadas para controlar mejor el sistema de calefacción/refrigeración/iluminación significa que si solo se utiliza una pequeña área de las instalaciones, no será necesario calentar/enfriar/iluminar todo el espacio.

104. Instale termostatos de área para cada zona.

Instalar termostatos individuales para cada zona hace que cuando un área más pequeña esté a la temperatura correcta, la zona se apague, haciendo que el equipo sea mucho más eficiente.

105. Instale un tanque de compensación para reducir los ciclos de la caldera.

La integración de un tanque acumulador/amortiguador para almacenar agua calentada/enfriada lista para circular en las instalaciones reduce los ciclos de la caldera y ayuda a mantenerla funcionando de manera eficiente. Si utiliza un tanque de compensación, asegúrese de que no sea demasiado grande, ya que un tanque demasiado grande no utilizará toda su capacidad de agua antes de que pierda la temperatura del agua.

106. Genera tu propia energía in situ.

Genere su propia energía in situ y venda el excedente de energía a la red. Esto reduce su dependencia de la compañía energética y al mismo tiempo reduce sus costos de energía.

107. Utilice la recuperación de calor para recircular el calor.

Tomar aire caliente de una zona, limpiarlo y redistribuirlo en otras partes del local puede suponer un ahorro en la generación de calor.

108. Instalar paneles solares fotovoltaicos.

La instalación de paneles solares fotovoltaicos para generar su propia electricidad a partir del sol significa que obtendrá electricidad gratis y el exceso de electricidad se puede vender a la red.

109. Instalar una turbina eólica.

Instalar una turbina eólica para generar electricidad a partir del viento en el lugar significa que puedes generar electricidad cada vez que sopla el viento. El exceso de electricidad se puede volver a vender a la red.

110. Instale una unidad CHP en el sitio.

La instalación de una unidad CHP (calor y energía combinados) para generar calor/refrigeración y energía a partir de gas o biomasa puede significar menores costos de energía, y el exceso de energía puede exportarse a la red o venderse a edificios vecinos.

111. **Instalar una Caldera de Biomasa.**
Instalar una caldera de biomasa para generar calor/refrigeración que utilice combustible de biomasa como pellets, leños o astillas puede reducir significativamente el coste de calefacción de sus instalaciones.

112. **Instale una bomba de calor con fuente de aire.**
La instalación de una bomba de calor de fuente de aire para generar calor/refrigeración a partir del aire puede reducir el costo de funcionamiento de sus sistemas de calefacción/refrigeración.

113. Instale una bomba de calor geotérmica.

Instale una bomba de calor geotérmica para generar calor/refrigeración desde el suelo. Esto se hace cavando un gran pozo y enterrando bobinas de tuberías, o perforando un gran pozo en el núcleo de la tierra. Esta es una alternativa a las bombas de calor de fuente de aire.

114. Instalar calentamiento solar de agua (solar térmica).

Esto genera agua caliente a partir del sol. Funciona de la misma manera que la energía solar fotovoltaica, excepto que el agua está contenida en varios cilindros dentro del panel y se canaliza a su cilindro de almacenamiento.

115. Reemplace los calentadores de almacenamiento eléctricos.

Reemplace los calentadores de almacenamiento eléctricos con un sistema de caldera eficiente. Dependiendo de su tarifa, la calefacción por acumulación puede ser uno de los tipos de sistemas de calefacción más caros, además de ser ineficiente.

116.   Cambiar de proveedor de energía.
Comparar y cambiar de proveedor de energía puede ahorrar más del 10% en sus facturas de energía.

117.   Paga mediante domiciliación bancaria.
Pregunta a tu proveedor de energía si pagar mediante domiciliación bancaria es más barato o cuál podría ser la opción más económica para ahorrar dinero en tu factura de energía.

118. Compra tu energía a granel.

Agrupe con otras personas en su área local para aumentar el poder adquisitivo y obtener un descuento mayor.

119. Reducir el uso de agua.

Reducir el uso de agua, especialmente agua caliente, reducirá sus facturas de energía, tanto en términos de calentar el agua como si la propiedad está conectada a un medidor de agua. Esto reducirá las unidades consumidas por la propiedad, reduciendo también la factura general del agua.

120. Realice una prueba de presión al suministro de agua.

Realizar una prueba de presión en el suministro de agua identificará cualquier posible fuga en el sistema. Esto es especialmente relevante entre el contador externo y el lugar por donde entra el agua al edificio. Incluso un pequeño goteo en cada conexión de la tubería puede generar costos adicionales en el costo del agua con el tiempo.

121. Verifique la calibración del medidor.

La instalación de medición secundaria en todos los servicios con medidor le permitirá comparar su suministro medido oficial con sus propias lecturas de medidor. Se han encontrado imprecisiones de hasta el 40% en algunas premisas, lo que podría ahorrarle dinero sustancialmente a su negocio.

122. Utilice la caldera para generar agua caliente.

En lugar de utilizar calentadores de inmersión eléctricos para calentar agua, utilice la caldera combinada con un acumulador térmico o un tanque acumulador.

123. Reemplazar los secadores de manos con nuevas unidades energéticamente eficientes.

Instale secadores de manos energéticamente eficientes en lugar de secadores o toallas de papel viejos e ineficientes.

124. Vaya a lo digital y elimine el desperdicio de papel.

Eliminar los procesos basados en papel del negocio; en su lugar, utilice procesos basados en TI para reducir el desperdicio del negocio.

125. Utilice sensores de ocupación para reducir el agua.

Utilice sensores en los grifos, especialmente en áreas públicas, para evitar que las personas dejen los grifos abiertos y los inodoros descargando.

126. **No calentar el agua cuando el edificio no esté ocupado.**
Se pueden lograr ahorros instalando un sistema de control automatizado o tomando medidas muy básicas, como instalar un reloj.

127. **Instale reguladores de flujo en las duchas para reducir el agua.**
Aunque esto no debe realizarse en duchas eléctricas, un regulador de flujo reducirá la cantidad de agua utilizada.

128. **Sustituir los cabezales de ducha eléctricos por cabezales de ducha monomando convencionales.**

Al reemplazar las unidades de ducha eléctricas con unidades mezcladoras, significa que un sistema de caldera eficiente puede generar calor en lugar de utilizar una unidad de ducha eléctrica de alta potencia para generarlo.

Una ducha eléctrica puede utilizar hasta 40 veces más energía para calentar el agua que una caldera que genera agua caliente con una eficiencia y escala mucho mayores.

129. Compre los productos recomendados por Waterwise.

Compre únicamente productos de eficiencia hídrica que hayan sido etiquetados con la marca de verificación recomendada por Waterwise.

130. Educar al personal.

Educar al personal y a los clientes sobre la mejor manera de ser eficientes en energía y agua. Al educarlos sobre la mejor manera de utilizar la energía, pueden tomar lo que han aprendido y utilizarlo también en el entorno de su hogar, lo que significa que comienza a convertirse en un hábito y una forma de vida para ellos, consolidando así el proceso en su mente.

131.   Repare los grifos que gotean lo más rápido posible.

Un grifo que gotea puede desperdiciar 5.500 litros de agua al año. Reemplazar una lavadora de grifo solo lleva unos minutos. ¿Vale la pena el esfuerzo de ahorrar tanta agua?

132.   Llena frigoríficos y congeladores.

Cuando tengas espacio vacío, utiliza periódicos arrugados o recipientes de plástico sellados para llenar el espacio de aire. Cuanto menos espacio disponible, menos espacio hay que enfriar.

133. Limpiar las juntas de las puertas del frigorífico y del congelador.

Limpiar regularmente los sellos de las puertas del refrigerador y del congelador y verificar que no estén rotos o faltantes significa que una unidad de refrigerador o congelador no tiene que trabajar más de lo necesario.

134. Mantenga los líquidos refrigerados cubiertos.

Al sellar o cubrir cualquier líquido en el refrigerador o congelador, la unidad no tiene que trabajar tan duro. Los vapores que desprende el líquido hacen que la unidad trabaje más para enfriar el espacio.

135. Opere las unidades refrigeradas a su temperatura óptima.

Garantizar que las unidades funcionen a su temperatura óptima puede ayudar a ahorrar dinero en costos de funcionamiento, ya que no tienen que trabajar más de lo necesario. La temperatura óptima del frigorífico es entre 3 y 5 grados Celsius (37 - 41 Fahrenheit). Para un congelador, esto es -18 grados Celsius (-0,4 Fahrenheit).

136. Instale cierrapuertas automáticos en las puertas de frigoríficos y congeladores.

Instalar un cierrapuertas automático y/o un sistema de alarma en la puerta se cerrará automáticamente o sonará un timbre para alertar al personal que la puerta se ha dejado abierta.

137. Coloque únicamente alimentos fríos en el frigorífico.

Dejar que los alimentos se enfríen antes de colocarlos en el refrigerador significa que la unidad del refrigerador no tendrá que trabajar tanto para enfriar los alimentos. La comida caliente puede hacer que toda el área se caliente. Esto está sujeto a precauciones de higiene.

138. Mantenga adecuadamente sus unidades de refrigerador/congelador.

Una unidad de frigorífico/congelador en buen estado puede reducir el consumo de energía de las unidades en un 30 %.

139. Reduzca la temperatura ambiente instalando iluminación LED.

Instale iluminación LED para reducir las temperaturas y la necesidad de refrigeración. Muchos tipos de iluminación tradicionales generan grandes cantidades de calor, hasta el punto de que es imposible tocar una de estas unidades sin sufrir quemaduras en la piel. Una unidad de luz LED no genera calor mientras está en funcionamiento.

140. **Reduzca la temperatura ambiente retirando los equipos de TI.**
Deshágase de los equipos de TI, como servidores y unidades de escritorio, de un área para reducir los requisitos de refrigeración.

141. **Retire del uso los cargadores de teléfonos.**
Desenchufe los cargadores de teléfonos y otros transformadores, como las fuentes de alimentación, cuando no estén en uso.

142. Reducir la ebullición innecesaria.

Hierva sólo el agua necesaria para preparar bebidas calientes. Un ejemplo de esto puede ser la sustitución de grandes calderas de agua y urnas eléctricas por teteras localizadas en las zonas de comedor.

143. Cierra las persianas por la noche.

Cierre las persianas por la noche para evitar que el calor acumulado durante el día se escape durante los meses más fríos. También mejora la seguridad en el edificio.

144. Actualizar equipos antiguos.

Actualice y reemplace cualquier equipo que consuma energía y tenga más de 10 años, ya que la eficiencia energética se reduce con el tiempo, o el equipo simplemente necesita más tiempo para lograr el mismo rendimiento y, por lo tanto, consume más energía para lograr el mismo resultado.

145. Limpiar ventanas periódicamente.

Limpie las ventanas y las claraboyas con regularidad para aumentar la entrada de luz natural al edificio y reducir la iluminación necesaria.

146. Retire la señalización de las ventanas.

Retire cualquier señalización o decoración de ventanas y puertas para aumentar la entrada de luz natural al edificio.

147. Limpie los difusores, reflectores y cortinas de iluminación.

La limpieza de difusores, reflectores y cortinas ayuda a aumentar la salida de luz de cada unidad.

148. Instale persianas horizontales.

Utilice persianas horizontales que inclinen la luz hacia el techo en lugar de persianas opacas.

Al reflejar la luz hacia un techo reflectante blanco, éste actúa naturalmente como una fuente adicional de luz en la habitación.

149. Instalar controladores programables.

Instale controladores programables de siete días en cualquier ventilador de ventilación mecánica para evitar su funcionamiento cuando el edificio no esté ocupado.

150. Reinicie los termostatos contra heladas.

Reinicie los termostatos de protección contra heladas para asegurarse de que no estén demasiado altos.

151. No utilice simultáneamente equipos de calefacción y refrigeración.

Esto se puede hacer instalando un sistema de gestión que aísle una unidad sobre otra. Lo ideal sería que ambos sistemas no pudieran funcionar en el mismo período; por ejemplo, no funcionarían en las mismas 12 horas a menos que fuera una operación de emergencia.

152. Mantenga las puertas de acceso a los vehículos cerradas en la medida de lo posible.

La instalación de alarmas en las puertas de acceso actúa como disuasivo para que el personal las abra y las cierre poco después.

153. Apague los calentadores de inmersión si la caldera está en funcionamiento.

Un calentador de inmersión puede consumir 16 veces más energía para calentar agua que usar una caldera. La mayoría de la gente no se da cuenta de que un calentador de inmersión está encendido y calentando el agua cuando una caldera ya la ha precalentado.

154. **Reducir el almacenamiento excesivo de agua caliente en baja demanda.**

Si se utiliza un tanque de almacenamiento acumulador, asegúrese de que no sea demasiado grande, ya que no podrá utilizar todo el calor generado. En consecuencia, se habrá calentado sin motivo alguno.

155. **Instale ventiladores circulatorios para mejorar la circulación del aire.**

Instale ventiladores circulatorios en techos altos y áreas de bahías altas (por ejemplo, en un entorno de almacén) para evitar que el calor se acumule en zonas altas del espacio del techo.

156. **Implementar un servicio de mantenimiento regular para los equipos de calefacción.**

Tener un plan de servicio regular para los equipos de calefacción puede ahorrar más del 10% en costos de calefacción.

157. **Instalar secuenciación de calderas.**

Si utiliza varias calderas, instale controles de secuencia de calderas.

158. **Reemplace el equipo de caldera viejo.**

Si las calderas tienen más de 10 años, considere reemplazarlas por calderas más eficientes. Al considerar una caldera de reemplazo alternativa, se debe considerar el costo total del ciclo de vida de cada opción, incluidos los costos de mantenimiento, los costos probables de combustible en el futuro, la esperanza de vida, el costo de capital, etc.

159. Ajustar la configuración del reloj.

Verifique que la configuración del reloj de la caldera sea correcta o ajústela si es necesario para evitar que funcione fuera de horario. Muchas veces, un miembro del personal, en lugar de comprobar que el reloj está configurado correctamente, simplemente "hace avanzar" la caldera para que se encienda en modo manual. Esto significa que la caldera podría acabar funcionando las 24 horas del día.

160. Utilice sensores de ocupación para extractores.

Instalar controles de tiempo con sensores de ocupación en extractores locales.

161. Limpie las rejillas del ventilador y los conductos para asegurarse de que funcione de manera eficiente.

Es un requisito obligatorio que los conductos se limpien internamente con regularidad, pero muchos no se dan cuenta de que puede mejorar la succión, lo que también mejora la eficiencia del sistema, ya que no tiene que trabajar tanto tiempo para extraer el mismo volumen de aire.

162. **Utilice calentadores de inmersión sólo en situaciones de emergencia.**
Apagar los calentadores de inmersión puede evitar un uso accidental cuando la caldera ya está calentando agua.

163. **Controlar mejor la iluminación exterior.**
Instalar controles horarios, combinados con sensores de fotocélulas, para controlar la iluminación exterior.

164. **Reemplace las unidades de ventilador viejas por nuevas.**

Reemplace cualquier unidad de ventilador vieja e ineficiente con unidades de alta eficiencia, incorporando variadores de velocidad cuando corresponda.

165. Retire el aire caliente con el sistema de ventilación.

En lugar de utilizar aire acondicionado para enfriar un edificio, utilice el sistema de ventilación para eliminar el aire caliente por la noche, lo que reduce la demanda de aire acondicionado al día siguiente.

166. Deje de operar unidades de aire acondicionado por debajo de 24 grados Celsius.

Ajuste los puntos de ajuste de temperatura para que el aire acondicionado no funcione por debajo de los 24 grados Celsius (75 grados Fahrenheit) a menos que sea un requisito de proceso específico.

167. **Aumentar la circulación del aire.**
Aumente la recirculación de aire cuando utilice aire acondicionado para reducir la demanda del sistema.

168. **Utilice una película solar para reducir el calor.**
Utilice película solar en las ventanas orientadas al sur para reducir el sobrecalentamiento en verano y reducir la demanda de aire acondicionado.

169. **Utilice ventilación natural para enfriar un edificio.**
Utilice ventilación cruzada natural para enfriar un edificio en lugar de aire acondicionado.

170. Utilice cierrapuertas para separar áreas.

Instale cierres de puertas automáticos para separar los espacios donde se utiliza aire acondicionado/calefacción dentro de esa área y para evitar que el aire tratado se escape a otras áreas.

171. Realizar mantenimiento preventivo a los equipos de aire acondicionado.

El mantenimiento preventivo reduce el tiempo de inactividad, puede reducir los costos hasta en un 30 % y mejora la esperanza de vida de los equipos.

172. Reemplace motores y variadores más antiguos con unidades de alta eficiencia.

Los motores viejos pueden ser muy ineficientes. A medida que envejecen, aumentan las ineficiencias y cuesta más gestionarlas. Reemplácelas con nuevas unidades de alta eficiencia.

173. Realizar imágenes térmicas en el equipo.

Realice inspecciones de imágenes térmicas en los equipos para evaluar qué tan duro están trabajando. Evalúe las razones por las que esos equipos trabajan más que otros y rectificar cuando sea posible.

Actualice cualquier equipo identificado que no pueda rectificarse. A menudo, los equipos más antiguos tendrán que trabajar más para generar el mismo nivel de producción, lo que significa que utilizan más energía para crear esa producción.

174. Retire todo el equipo no utilizado.

Retire/aísle cualquier equipo que ya no esté haciendo un trabajo útil.

175. Reemplazar motores sobredimensionados.

Reemplace los motores de gran tamaño con motores de alta eficiencia del tamaño correcto. Algunos motores se han instalado anteriormente como una unidad de gran tamaño, con la falsa creencia de que si no tuvieran que trabajar tan duro, consumirían menos energía. Con los últimos motores de alta eficiencia, los motores se pueden dimensionar para la carga que impulsan y aun así utilizar mucha menos energía que sus alternativas más antiguas.

176. Reemplace las correas y poleas de transmisión desgastadas en los motores.

Los motores que trabajan más duro utilizan más energía para hacer el mismo trabajo.

177. Instalar unidades de optimización de voltaje.

Considere instalar unidades de optimización de voltaje para mejorar el rendimiento del motor, ya que la electricidad suministrada al motor se mantiene constante, lo que significa que el motor no tiene que trabajar más debido a sus fluctuaciones.

178. Mantener adecuadamente los motores y variadores eléctricos.

El mantenimiento adecuado de los motores y variadores eléctricos significa menos tiempo de inactividad y un funcionamiento más eficiente. Poner en marcha un plan de mantenimiento preventivo es una buena manera de lograrlo.

179. Instalar variadores de velocidad.

Reemplace los motores de velocidad fija con variadores de velocidad, especialmente para ventiladores, bombas y compresores de aire.

180. **Instalar controles del edificio.**

Esto puede ahorrar hasta un 20% en costos de energía y mejorar el funcionamiento del edificio.

181. **Controle periódicamente los relojes horarios.**

Compruebe que todos los relojes estén configurados a la hora y el día correctos. Hacer una revisión rápida de estos semanalmente puede ayudarle a ahorrar considerablemente.

182. **Establezca los ciclos de encendido/apagado correctos.**

Verifique que todos los relojes tengan configurados los ciclos de encendido/apagado correctos.

183. **Compruebe periódicamente todos los termostatos.**

Verifique que todos los termostatos estén configurados en la configuración correcta y ajústelos si es necesario.

184. **Verifique que los sensores de ocupación estén configurados correctamente.**

Si hay sensores de ocupación instalados, verifique su sensibilidad y tiempo de funcionamiento, y ajústelos cuando sea necesario.

185. **Instalar sensores de ocupación para todos los servicios.**

Si aún no se ha instalado un sensor de ocupación para controlar un equipo, considere si instalar uno podría reducir el tiempo de funcionamiento del equipo.

Por ejemplo, si un equipo solo necesita funcionar cuando hay alguien presente, instalar un sensor de ocupación en ese equipo ahorrará dinero.

186. **Aliente al personal a sugerir formas de reducir el consumo de energía.**

Vincular esto a algún tipo de esquema de recompensas puede ayudar a desarrollar hábitos para su fuerza laboral y una misión de la empresa en torno a la sostenibilidad.

187. **Instalar temporizadores en los electrodomésticos.**

Instale temporizadores de siete días en todos los equipos, como las máquinas expendedoras, donde se dejan encendidos normalmente, para que puedan aislarse cuando el edificio no esté ocupado.

188. Utilice la función de ahorro de energía incorporada.

Si el equipo tiene una función de ahorro de energía incorporada, configúrela para que funcione

189. Cambie dispositivos separados por dispositivos multifunción.

Utilice dispositivos multifunción en lugar de dispositivos separados, como impresoras y fotocopiadoras individuales; Utilice un dispositivo central multifunción y multiusuario.

Si bien la eficiencia energética aumentará con una unidad central, también debería ser más económica al reemplazar los cartuchos de tinta.

190. **Instale monitores y televisores de pantalla plana.**
Reemplace los monitores y televisores viejos con nuevos modelos de pantalla plana.

191. **Cambie a equipos de TI portátiles.**
Siempre que sea posible, utilice computadoras portátiles o tabletas en lugar de computadoras de escritorio. Estos ahorran un 90% de energía en comparación con las computadoras de escritorio.

192. **Reducir el sobreenfriamiento de un espacio refrigerado.**
No enfríe demasiado el equipo de refrigeración. Cada 1 Celsius equivale al 2%

del consumo de energía en un sistema eficiente, pero más en un sistema antiguo e ineficiente.

193. Limpiar vitrinas refrigeradas.

Limpiar periódicamente las vitrinas refrigeradas. Hacer esto elimina la acumulación de depósitos sobre las rejillas de ventilación y los termostatos, y el equipo puede seguir funcionando de manera eficiente.

194. Utilice persianas nocturnas en los gabinetes refrigerados.

Utilice persianas o cubiertas nocturnas bien ajustadas en todos los gabinetes abiertos para reducir la carga de enfriamiento durante las horas no comerciales.

195. Utilice un elevador de vidrio en gabinetes refrigerados.

Utilice un elevador de vidrio (placa de vertedero) en la parte delantera de las vitrinas para ahorrar aprox. 3% sobre los costos de energía para el funcionamiento de cada gabinete.

196. Inspeccione las tuberías refrigeradas periódicamente.

Verifique el estado del aislamiento de las tuberías refrigeradas y reemplácelo si es necesario.

197. Utilice secuenciación de enfriadores para controlar varios enfriadores.

Optimice la secuenciación de los enfriadores para compartir la demanda de refrigeración si hay varios enfriadores presentes.

198. Planificar tareas de mantenimiento preventivo de refrigeración.

Contar con un adecuado plan de mantenimiento preventivo de los equipos de refrigeración. Esto puede eliminar el tiempo de inactividad junto con la pérdida de productos perecederos perdidos durante el tiempo de inactividad de una unidad de refrigeración con mantenimiento deficiente.

199. Evalúe por dónde se escapa el calor del edificio.

Realice una evaluación de imágenes térmicas en las fachadas externas de un edificio para determinar por dónde puede escaparse el calor.

200. Reparar los huecos identificados en la estructura del edificio.

Rellene o repare los huecos en las paredes para evitar que se escape el aire tratado.

201. Elimine la humedad antes de mejorar el aislamiento.

Rectifique cualquier área de humedad en el edificio antes de reemplazar el aislamiento afectado.

202. Utilice sellos de atraque para descargar vehículos.

Cuando los vehículos se descargan en espacios dentro de un edificio, utilice sellos de acoplamiento alrededor de las puertas.

203. Reemplace las herramientas de aire comprimido por eléctricas.

Cuando se utilicen herramientas de aire comprimido, considere si se pueden utilizar herramientas eléctricas en su lugar. El funcionamiento de las herramientas neumáticas cuesta 10 veces más energía.

204. Mantener adecuadamente los equipos de aire comprimido.

Contar con un plan de mantenimiento preventivo activo de herramientas y equipos de aire comprimido.

205. Reparar fugas de aerolíneas

Reparar cualquier fuga en las líneas aéreas lo antes posible. Todo el aire que se escapa de la línea aérea debe ser reemplazado por el compresor. Si el aire no se utiliza para su propósito, entonces es un desperdicio de energía.

206. **Utilice la fuente de aire más fría posible para la entrada del compresor.**

Si se coloca en el exterior, coloque el compresor de aire en la cara norte del área o edificio con sombra en los lados sur, este y oeste. Reducir la temperatura del aire de entrada en 6 grados Celsius puede reducir el consumo de energía en un 2%.

207. **Elimine las líneas no utilizadas.**

Retire cualquier línea o salida de aire vieja o no utilizada para reducir el volumen de aire requerido en el sistema de línea aérea.

208. **Separar la red de aire comprimido en zonas.**

Instale válvulas de aislamiento de zona en áreas de los circuitos de línea aérea para reducir el requisito de aire comprimido. Cuanto más larga sea la red de aerolíneas, mayor será la demanda de aire comprimido para llenarla.

209. **Combinar la demanda de calor con otras propiedades locales.**

Al agruparse con otras propiedades locales, puede lograr eficiencias mucho mayores tanto en la eficiencia de la caldera como en el costo de capital. Al instalar una planta de calderas centralizada y distribuir calor medido a cada propiedad, cada participante paga solo por el calor utilizado.

210. **Agrupa tu gestión energética con otros comercios locales.**

Al agrupar la función de gestión de energía, el proceso se puede realizar de manera más eficiente, lo que ahorra dinero a todas las partes.

211. **Agrupa tu demanda de sostenibilidad con otras empresas locales.**

Toda empresa necesita mejorar sus prácticas de sostenibilidad. Trabajar junto con otras empresas locales reduce la duplicación y los costos de hacerlo se pueden dividir entre muchas empresas, mientras que cada una sigue obteniendo el beneficio.

Conclusión

Nuestro objetivo era brindarle una idea de cómo podría reducir los costos de operación de su propiedad inmobiliaria. No esperamos que usted pueda hacer la mayor parte de este trabajo usted mismo y le recomendamos que consulte a un profesional con experiencia relevante para crear una lista de oportunidades viables, junto con cualquier recuperación de la inversión cuando se necesite una inversión inicial.

También es importante priorizar las oportunidades según el presupuesto y también aquellas oportunidades con mayor impacto o período de recuperación más corto.

Sobre el Autor

Wayne Fox es un renovador de negocios, disruptor de la industria, desarrollador de propiedades comerciales, futurista, autor de best-sellers e inversor. Director del grupo Enyaw, una firma de inversión con sede en el Reino Unido que invierte en *'estilo de vida de libertad'* empresas. Tiene experiencia en lograr un crecimiento de ingresos de 7 y 8 cifras en proyectos de PYME anteriores.

Mis enlaces en línea:

Sitio web de Wayne Fox: www.wayne-fox.co.uk

Grupo Enyaw: www.enyawgroup.com

Capital Enyaw: www.enyawcapital.com

Propiedad Enyaw: www.enyawproperty.co.uk

Linkedin:https://www.linkedin.com/in/waynefoxuk

Gorjeo: https://twitter.com/WayneFoxUK1

Instagram:https://www.instagram.com/waynefoxuk

YouTube:https://www.youtube.com/@WayneFoxUK

Udemy:https://www.udemy.com/user/wayne-fox-6

www.ingramcontent.com/pod-product-compliance
Lightning Source LLC
Chambersburg PA
CBHW052326220526
45472CB00001B/290